AF393170

Michel Brignot

COVID 19 POESIES

Quelques moments
de la pandémie
à travers
des poésies covidiques

L'AUTEUR

Michel BRIGNOT est né à Dijon en 1957. Pneumologue et médecin du sport depuis une trentaine d'années, il exerce à Dole et Besançon. Grand lecteur depuis toujours, il écrit et est publié depuis 2008.
Membre de l'Association Comtoise des Auteurs Indépendants.
Lauréat du prix Jean-Marie Garet pour l'une de ses nouvelles en 2014.

Pour en savoir plus sur l'auteur : www.michelbrignot.com

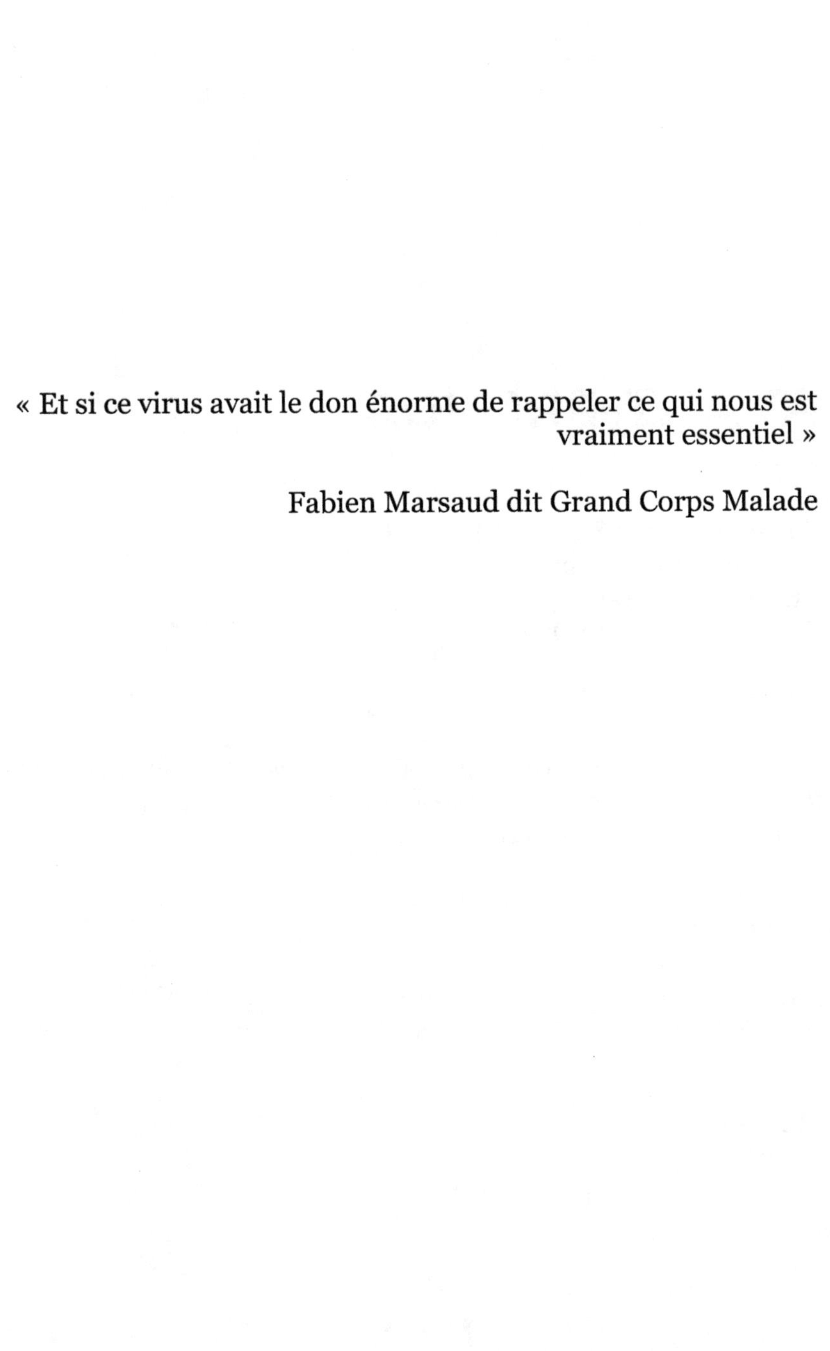

« Et si ce virus avait le don énorme de rappeler ce qui nous est
vraiment essentiel »

Fabien Marsaud dit Grand Corps Malade

AVANT-PROPOS

Covid m'a inspiré
L'espace d'un instant
Grâce à lui j'ai rêvé
Faire aussi bien qu'Ovide*.

Michel BRIGNOT

** Ovide : Poète latin né en 43 av. J.-C. à Sulmone (Italie) et mort en 17 ou 18 ap. J.-C., en exil à Tomis (actuellement Constanţa en Roumanie), auteur notamment des Métamorphoses.*

PRÉAMBULE

Pendant tout le printemps 2020, la pandémie Covid-19 a fait des Français un peuple confiné pour tâcher de freiner la progression du virus et limiter les dégâts de cette crise sanitaire doublée d'un séisme socio-économique. Ce fut alors l'occasion de connaitre des instants inoubliables. En tant que médecin, j'ai bien sûr vécu cette période comme soignant, avec ses heurts et ses drames. Mais j'ai aussi succombé aux charmes du virus qui s'est invité sournoisement dans mon organisme. À ce titre, j'ai donc une double vision de cette situation.

Ces poésies, symboliquement au nombre de 19, année d'apparition de ce nouveau virus sur la planète, relatent quelques uns des moments vécus pendant cette période. De façon drôle, émouvante ou plus tragique.

En espérant qu'il n'y aura pas de suite à ce livre et que Covid-20 ne verra jamais le jour...

Michel BRIGNOT

LA COURONNE DU TYRAN

Un vieil homme, un enfant, on est en deux mille cent
Installés sur un banc, le vieux caresse lentement
Un morceau de ferraille, on dirait un anneau
Un cercle cabossé qui n'est ni laid ni beau

On ne sait si cette chose avait eu une vie
Avant de devenir cet objet décati
Le vieux a l'air ailleurs, perdu dans ses pensées
Il a le dos voûté, les épaules affaissées

Le petit le regarde et lâche à son aîné
Dis-moi Papi c'est quoi ce vieux truc tout rouillé ?
Que tu n'arrêtes pas ainsi de contempler
Tu m'avais pourtant bien promis qu'on allait jouer

Soudain le vieux revient et fait vibrer ses rides
C'était son couvre-chef avant qu'il ne s'oxyde
On n'avait rien compris, il arrivait de Chine
A fondu sur l'Europe, lui a brisé l'échine

Rien ne lui résistait, ni les jeunes ni les vieux
C'était un sale virus, un sournois, un vicieux
C'était en deux mille vingt, j'étais encore enfant
Je me souviens des rires, de la joie des vivants

L'air sentait bon les fleurs, nous fêtions le printemps
Les journées rallongeaient, offrant du temps au temps
Le dimanche nous allions visiter les aïeux
Les parents de mon père qui vivaient tous les deux

Dans une petite maison entourée d'un jardin
Ils avaient une vie simple et ne manquaient de rien
On s'installait à l'ombre sous le cerisier
On entendait au loin quelques merles siffler

Ma sœur et moi jouions, courions à perdre haleine
J'étais son écuyer et elle était ma reine
Puis tout a basculé, le temps s'est arrêté
Le tyran est venu, chez nous s'est installé

Décidant qui vivrait et qui devrait mourir
Qui resterait sur terre et qui devrait partir
La vague scélérate a tout anéanti
Elle a aveuglément broyé, brisé, détruit

De l'Asie à l'Europe, ça n'était que sanglots
Plaintes, gémissements, tous allaient au tombeau
Un jour plein d'allégresse, le lendemain occis
Le virus les frappait sans qu'ils poussent même un cri
Les parents de mon père soudain nous ont quittés
Sans qu'on n'ait eu le temps de leur donner congé
La maladie rôdait, la mort l'accompagnait
Toutes deux du virus les serviles laquais

Puis il y en eut bien d'autres, par dizaines, par centaines
On ne savait les sauver, les forces restaient vaines
Les hospices se vidaient, les quartiers se mouraient
Les villes se dépeuplaient, devenaient des cimetières

On espérait toujours, on croyait aux chimères
Puis un jour, sans qu'on sache ni pourquoi ni comment
Le virus est parti, il s'appelait Covid
Tout n'était plus que cendres, la nature était vide

Il avait décidé de traverser les mers
D'aller tuer ailleurs, de ruiner d'autres terres
Ici, il a fallu réapprendre à s'aimer
À rire et à chanter, à croire, à espérer

Il a fallu des jours, des mois et des années
Pour qu'enfin de nouveau viennent des merles siffler
Tout au fond du jardin, c'est là que reposait
Ce morceau de ferraille n'étant ni beau ni laid

Le tyran dans sa fuite l'avait abandonné
Et quand à mes parents à qui j'ai demandé
C'est quoi dites-moi ce truc tout moche et tout rouillé
Mon père m'a regardé et puis s'est approché

C'est tout ce qui nous reste de la bête immonde
Qui s'était mis en tête de dépeupler le monde
C'était son couvre-chef, son chapeau, son gibus
Ça mon fiston c'était... la couronne au virus.

Authume
31 mars 2020

Parce que corona signifie couronne en latin.

PRIVÉE DE PÂQUES

Pourquoi pleures-tu petite Clochette ?
Quelle est la cause de ta tristesse ?
Je suis toute seule sans mes sœurettes
Confinée, c'est là ma détresse

Elles m'ont quittée et sont parties
Rejoindre toutes leurs semblables
À Rome pour la cérémonie
Sans elles, je suis bien incapable

D'y aller seule sans m'égarer
Sans me tromper de direction
Maudit Covid, je suis lâchée
Condamnée à la réclusion

Pour Pâques, je ne verrai pas Rome
Et je serai privée de psaumes.

Authume
12 avril 2020

Dimanche de Pâques 2020. Drôle de journée où le Pape François a parlé à Rome devant une place Saint-Pierre déserte, vide de tout pèlerin.

UN CRI SANS RETOUR

La nuit s'en va, le jour est là
J'ai peu dormi, je me sens las
Un feu perfide me brûle les yeux
Je me trouve faible, trop vite trop vieux

Le mur strié de longues bandes
Du soleil, les stores ne me rendent
Que l'ombre fine de leurs lamelles
Que de modestes pans de ciel

Je sors du ventre des ténèbres
De ce royaume où le funèbre
L'emporte sur la rage de vivre
Où Covid s'acharne à poursuivre

Les plus fragiles, les moins chanceux
Méchant virus, fourbe et hargneux
Champion du monde de l'hécatombe
On compte les morts, on creuse les tombes

Je rejoins le monde des vivants
Dehors, c'est tellement différent
Tout est inerte et ralenti
Mais au moins, il y a de la vie

Même si partout, c'est confiné
Au moins, les hommes sont protégés
J'émerge du domaine de la mort
Las et fourbu, je fais l'effort

Seul, loin de tout, je lâche un cri
J'exhale l'horreur, j'aspire la vie
Ne me revient qu'un écho vide
Celui de ce fichu Covid.

Authume
19 avril 2020

Écrit après une nuit de garde dans une unité Covid.

L'ANIMAL DE COMPAGNIE

Depuis des années j'en rêvais
À poils, à plumes, petit, mignon
Ou plus massif, cheval de trait
J'aurais parlé au maquignon

Il m'aurait fait son boniment
C'était le meilleur de sa race
Oui c'était lui assurément
Celui à la blonde tignasse

C'était un bon, un vrai Comtois
Qui ne regarde pas à la tâche
Qui t'obéit à l'œil au doigt
Avec lui, jamais tu ne te fâches

Il te déplace des montagnes
Il tire des grumes à travers bois
Il est royal, rien d'une cagne
Et tu peux même, tu as le droit

Si tu rêves de t'y installer
Sur son dos poser ton séant
Aller une heure te promener
Pas trop loin, jusque vers l'étang

N'oublie pas qu'on est confiné
Qu'il faut veiller à ne pas franchir
Les limites que la société
Nous impose, qu'on n'aille pas dire

Il a triché, il a volé
Il n'a pas pensé au virus
De l'espace, de la liberté
Il a profité tant et plus

Depuis des années, j'en rêvais
D'un animal de compagnie
À poils, à plumes, ni beau ni laid
Qu'il apporte juste de la vie

Ça m'aurait aidé à passer
Ce sale moment du confinement
Ça m'aurait changé les idées
J'aurais vécu différemment

Ces journées où tout est pesant
Où l'envie soudain nous étreint
De traverser un océan
De sauter dans le premier train
À croire qu'il lit dans mes pensées
L'autre là-haut, le bricoleur
Comment a-t-il pu deviner
Ce qui devait faire mon bonheur ?

Ça y est, j'ai enfin hérité
D'un animal de compagnie
Ni poils, ni plumes, ni beau, ni laid
D'une espèce commune aujourd'hui

C'est un virus, c'est un Covid
Lui et moi nous cohabitons
Il parle peu, du genre timide
Mais je le sens taquin, fripon

Il ne manque pas une occasion
De me rappeler son existence
En me titillant le côlon
En me faisant perdre les sens

Depuis des années j'en rêvais
D'un animal de compagnie
Mais j'aurais de loin préféré
Un chat, un chien, un canari

Un Covid, c'est pas très sérieux
Ça ne t'apporte que des soucis
Ça n'est même pas doué pour les jeux
Ça ne te fait que des ennuis

Sans compter que personne n'en veut
J'en ai parlé autour de moi
Chacun s'en moque, détourne les yeux
Fait comme s'il ne m'entendait pas

Sauf un qui très timidement
M'a dit, tiens mais oui, pourquoi pas ?
Tu devrais aller voir ces gens
Demande donc à la SPA.

Authume
23 avril 2020

Petite impertinence que je me suis permise pour me venger du virus.

CURE DE RAJEUNISSEMENT

Les experts sont formels et sont sûrs de leurs dires
Chercheurs et virologues, éminents professeurs
Le virus rend malade, affaiblit, fait mourir
Ils nous ont bien prévenus, il faut en avoir peur

Il s'en prend aux plus faibles et hâte leur vieillissement
Plaintes, déchirements, lamentations, soupirs
À chaque fois c'est toujours le même lot de tourments
On espère le meilleur, on bascule dans le pire

Ma vie est transformée car depuis quelques jours
J'ai changé de côté, j'ai franchi la barrière
Covid et positif, était-ce un mauvais tour
Je m'explique un peu mieux cette fatigue délétère

Ces sueurs, ces vertiges, ces claquements de dents
Cette tête en coton, cet embarras colique
Covid et positif, ça n'a rien d'étonnant
C'est un virus têtu, dissipé, frénétique

On m'avait informé, j'avais été prévenu
Si tu es Covid plus, tu vas prendre trente ans
Je n'ai pas tout compris, j'ai un peu attendu
Mais ça n'a pas marché, chez moi étonnamment

Le virus a produit un effet opposé
Je me suis senti drôle, tout d'un coup rajeuni
Ni douleur, ni raideur, et quant à ma santé
La bestiole, le vilain Covid l'a embellie

Depuis quelques années, j'étais en soixantaine
Grâce à cette infection et à ses accidents
On m'a très prudemment placé en quarantaine
Grâce à ce cher virus et à ses bons traitements

J'ai remonté le temps et j'ai gagné vingt ans.

Authume
26 avril 2020

Au moins un effet bénéfique de ce virus.

ASTHÉNIE

Au doux nom d'Asthénie, discrètement elle répond
À sa grâce féline, ses formes magnifiques
Je n'ai pu résister à l'idyllique vision
Aux accents de sa voix, à son charme angélique

Dès qu'elle m'a envouté, attrapé dans ses nasses
Mes forces m'ont quitté, ailleurs s'en sont allées
Mon courage s'est enfui, désertant ma carcasse
Pour partir en d'obscures volutes de fumée

Jusque là, j'étais vif, enjoué et plein d'entrain
Depuis qu'elle m'a séduit, je ne suis plus qu'un spectre
Sans cesse, je dois durement me botter l'arrière-train
Pour tout juste arriver à marcher quelques mètres

Je ne suis que mollesse, torpeur et apathie
Même mon tensiomètre n'est plus assez gradué
Pour mesurer le peu qui me reste de vie
Je n'ai même plus la force de me débarbouiller

Ma toilette est devenue une épreuve digne d'Hercule
Manger, boire, digérer, ne sont que pires besognes
Je n'ai plus gout à rien que de coincer la bulle
Ne rien faire que dormir sans craindre nulle vergogne

J'assure le minimum de mes besoins vitaux
Bientôt, je serai mort à force de paresse
Vivement qu'Asthénie desserre son garrot
Qu'elle s'en aille voir ailleurs, causer d'autres détresses

Si un jour je suis père, que j'hérite d'une fille
Je veillerai prudemment à lui choisir un nom
Qui ne me fatigue pas, j'éviterai Asthénie
Je l'appellerai Claire, Marie ou bien Lison.

Authume
1er mai 2020

Écrit le jour de la Fête du Travail. Un comble !

À FLEURS OU À CARREAUX

Personne n'existe plus, il n'est plus de visage
Plus de nez, de sourire, de fossette, de menton
Depuis que le Covid a marqué son passage
De règles et de contraintes, de lois et de sanctions

Chacun doit se planquer derrière son bouclier
De plastique, de papier, chirurgical ou non
Faute de mieux, on découpe un pan de tablier
Pour s'en faire un rempart à l'abri du démon

Ça tient sur les oreilles avec des élastiques
Eux aussi fabriqués avec des chutes de rien
Ou un vulgaire lacet, fixation pathétique
Qui lâche dès qu'il le veut, indiscipliné lien

Les humains sont devenus des vitrines sur pattes
Exhibant des tissus à fleurs ou à carreaux
À rayures ou à pois, unis ou disparates
Image de celui qui s'en fait un drapeau

Pour nous autres soignants, au cœur de la bataille
On ne les voit jamais, on nous en parle sans cesse
Les masques sont l'Arlésienne de cette belle pagaille
Sans eux, pas d'autre choix que de serrer les fesses

On devra s'habituer à parler à quelqu'un
Dont le visage n'est rien en dehors de ses yeux
Est-ce Bernard, Paul, Alexandre ou Alain
Celui qui devant moi peut-être est contagieux ?

Le Covid, non content de tuer nos semblables
Nous a aussi réduit à l'état de moitiés
De visages, de sourire devenus incapables
Tristes marionnettes au rictus de papier.

Authume
9 mai 2020

Ces masques auront beaucoup fait parler d'eux, au cœur de l'actualité.

LE COVID ET LA COVID

Covid, virus, tu es du genre masculin
Maladie, tu te pares d'un style tout féminin
Quel est donc cet intrus qui cherche ainsi son sexe
Gare si tu l'apostrophes à ce qu'il ne se vexe

Si tu l'appelles Monsieur alors que c'est Madame
Qui te fait les doux yeux, crains fort qu'elle ne s'alarme
Si tu lui dis Madame alors que c'est Monsieur
C'est tout aussi risqué, ça n'est pas beaucoup mieux

Jusque là, on s'était bêtement contenté
De n'user que du le aussi bien pour parler
De l'infâme bestiole que de ses vils outrages
Sachez que maintenant, place à un nouvel âge

Pour le virus, dire, tiens mais c'est le Covid
Et pour la maladie, j'ai chopé la Covid
Si ces petits détails de sourcilleux linguistes
Vous tapent sur les nerfs, vous font pousser des kystes

Faites comme il vous plait, je ne suis pas certain
Que ces dissertations émeuvent les humains.

Authume
14 mai 2020

La langue française reste un océan de subtilités.

LE POSTILLON, LA MORVE ET LE FILET DE BÁVE

Ami, prends garde à toi, le postillon te guette !
Quelques grains de salive que tu prends en pleine face
C'est la faute à ce gars qui parle fort et tempête
Sans avoir pris la peine de rester à sa place

Il te jappe dessus, il va finir par mordre
Si ce n'est pas le Covid, tu vas choper la rage
Heureusement nos énarques, soucieux de maintenir l'ordre
Ont trouvé le remède en se montrant plus sages

Maintenant, si tu croises un humain inconnu
Reste bien à distance d'un jet de postillons
L'un d'entre eux a parlé et les autres l'ont cru
Il a fait des calculs, consulté des champions

Du jet de postillons, du lancer de salive
Tous lui ont fait la même lumineuse réponse
À 3 pieds de distance, plus de Covid qui vive
La bestiole de sévir finalement renonce

Ni salive ni morve ni filet de mucus
Ne franchit cette distance pour lui astronomique
Il n'y a pas au monde un quidam ou un gus
Qui tousse à plus d'un mètre*, c'est mathématique

Alors, nos vieux chercheurs, nos penseurs vénérés
Ont eu cette merveilleuse et ingénieuse idée
De nommer l'unité qui mesure le trajet
Que le tousseur devra de franchir se garder

C'est la morve-étalon, le postillon-témoin
Après le temps, la masse, elle est la dernière née
Bien mieux que la distance, c'est la distanciation
Qui te tient à l'écart des miasmes contaminés.

En réalité, les gouttelettes produites par la toux ou un éternuement peuvent être expulsées jusqu'à une distance de 6 mètres. Cette poésie n'est donc qu'une pure fiction.

Authume
19 mai 2020

Un concept nouveau est né, celui de distanciation sociale.

LE MASQUE ET LA PLUME

Touché par le Covid, inspiré par une muse
L'envie de faire des vers s'est emparée de moi
Sans malice, sans calcul, sans faire preuve de ruse
Elle s'est jetée sur moi au plein cœur du débat

Tant qu'à être malade, autant en profiter
Pour parler de la vie avec des mots nouveaux
Si au moins le virus avait quelque bonté
Qu'il me donne l'esprit d'écrire comme Hugo

Malade ou bien portant, n'est pas Victor qui veut,
Car il ne suffit pas d'héberger un virus
Pour qu'aussitôt la prose devienne vers gracieux
Pour que parlent d'une voix Bérénice et Titus

Courts vers de mirlitons, copieux alexandrins
Il y en a pour tous les goûts au banquet des poètes
Longues strophes sans fin, plus ramassés quatrains
Chaque ligne se déguste jusqu'à la dernière miette

Et qu'importe le ver, pourvu qu'on ait l'ivresse
Le visage découvert ou caché sous un masque
Le poète s'emploie, fidèle à sa promesse
À faire parler sa plume, se permet quelques frasques.

Authume
28 mai 2020

Allusion à une émission culturelle radiophonique.

LES POILS DES CONFINÉS (DÉCONFINÉS)

Depuis que les visages du monde ont disparu
Qu'avec les yeux des autres on doit faire bon ménage
Plus de poilus, barbus, hirsutes et moustachus
Les mentons sont cloitrés, enfermés dans des cages

Les bouches sont voilées, étouffées sous un drap
Ne savent plus bailler, parler, rire et crier
Les narines sont privées du plaisir, de la joie
De humer les arômes, les fragrances renifler

Derrière les masques se cachent des systèmes pileux
Des fournis, des touffus, d'autres plus désertiques
Qui ne nous sont plus rien, est ce un jeune ou un vieux
Celui dont la moitié de face nous fait la nique

Tout le monde se ressemble, le masque nous rend glabre
Le tissu nous fait tous des mentons plus que doux
Et des joues aussi lisses que la surface du marbre
Plus de barbes fournies, de poils noirs, blancs ou roux

Lorsque l'heure sonnera d'abattre cet écran
Il y aura de nouveau devant nous des humains
Poilus, barbus, hirsutes, il sera alors temps
De confier ces tignasses aux impatientes mains

Du coiffeur dont les lames, ciseaux fous et rasoirs
Seront restées longtemps planquées et confinées
Le barbier libéré, des fourmis dans les doigts
Se fera une joie de tout égaliser.

Authume
6 juin 2020

Une pensée émue pour tous ces confinés abandonnés de force par leurs coiffeurs.

LA RANÇON DU VIRUS

Tout s'écroule, tout se meurt, l'économie défaille
Une fois que des humains le virus s'est lassé
Il poursuit son chemin, grand voleur, vile canaille
Qui ne laisse plus un sou après être passé

Les états sont ruinés, fauchés comme les blés
Qui n'est pas mort hier succombera demain
De famine, de misère, place à la pauvreté
Il y a maintenant pour mille ce qu'il y avait pour un

Une autre maladie s'abat sur les pays
Qui ont du emprunter, se coller des crédits
Sur le dos, les banquiers travaillent jours et nuits
Pour vendre de l'argent même aux plus démunis

Quand Covid sera loin, qu'on l'aura oublié
Il nous restera encore quelques pensées funestes
Pour ce virus infâme qui deux fois aura tué
Une fois par la fièvre, des temps modernes peste

Une autre fois, vorace, en vidant les trésors
En saignant les nations pour n'en laisser plus rien
Il y aura des cailloux quand il y avait de l'or
Les hommes devront apprendre à vivre un peu moins bien

À retrouver le gout des joies originelles
À fondre de plaisir devant un fruit bien mûr
À succomber mollement à cette voix qui appelle
À admettre que moins bien c'est tellement mieux que rien.

Authume
12 juin 2020

Et si le monde d'après était différent ?

ÉCOUVILLONNAGE PCR*

Migraineux et fébrile, assommé de douleurs
Le corps couvert de sueurs, le teint pâle et livide
Mon médecin savamment sans craindre la moindre erreur
 A suspecté chez moi une infection Covid

L'homme est un spécialiste qui connaît son art
Qui ne se contente pas d'évoquer l'infection
Il lui faut plus que ça, établir sans retard
Un diagnostic solide sans l'ombre d'une objection

D'une voix pleine de bonté et d'un cœur bienveillant
Il m'explique patiemment qu'on ne sera fixé
Que lorsqu'on m'aura fait un test peu réjouissant
Qui consiste à chercher, tapi au fond du nez

Les traces du sale virus, les signes de sa présence
Mais Docteur me risqué-je, est-ce bien nécessaire ?
N'y-a-t-il pas d'autre moyen de voir sa virulence
Que dans mes fosses nasales enfoncer cet épieu ?

Ce coton dont la tige défie le raisonnable
Dont la longueur dépasse tout ce que j'ai connu
Si pour le diagnostic je dois être capable
De supporter cela, je n'en demande pas plus

Je préfère me passer de cette nouvelle épreuve
Je m'accommoderai de mon mal en patience
Est-il vraiment besoin d'avoir cette ultime preuve
Pour qu'on me fasse cadeau des vertus de la science ?

Allons, soyez serein, ça n'est qu'un coton tige
Me réponds le savant, et pas si long que ça
Il ne faut surtout pas que cela vous afflige
Si vous êtes positif, ça me fera encore un cas

Pour moi c'est primordial, et pour mes statistiques
C'est plus que nécessaire, avec d'autres confrères
Nous faisons un concours, soyez moins hermétique
Prêtez nous une narine, de vous je serai fier

Si nous sortons vainqueurs de cette pandémie
Vous serez le champion de l'épreuve PCR
Mon héros triomphant, le roi de l'asthénie
Vous pourrez dire très haut en prenant de grands airs

C'est grâce à mon Covid et à mon sacrifice
Que mon gentil docteur a gagné son pari.

** PCR : technique de diagnostic de l'infection à Covid-19 effectuée sur des échantillons prélevés par un écouvillonnage profond de la fosse nasale.*

Authume
15 juin 2020

Tous ceux qui ont bénéficié de ce test de dépistage en garderont un souvenir impérissable.

ANOSMIE ET AGUEUSIE*

Étrange ce qui m'arrive, bizarre et insolite
Je n'ai plus gout à rien, même plus de gout du tout
Et s'il m'en fallait plus, pour corser ma faillite
Mon nez s'est mis en grève, je n'y sens plus du tout

Il paraît que Covid, dans ses œuvres les plus basses
Ne se contente pas de nous rendre fébriles
Il nous prive des odeurs et rend nos mets fadasses
Se restaurer devient un exercice futile

Adieu les doux plaisirs du boire et du manger
Fi de l'odeur suave des fleurs de mon jardin
Tout ce qui vient charmer mon palais et mon nez
Me laisse sans émoi et me rend même chagrin

C'est la faute au Covid, il m'a volé ma fougue
Mais il a fait bien pis, il s'en est aussi pris
À ce qui rend aimables les amateurs de bringues
Le bon gout qui déniche les mets les plus exquis

Le nez fin qui excelle dans l'étude des arômes
Une première fragrance, celle de la découverte
Une seconde plus fine, pour enfin être l'homme
De la situation, une once de pomme verte

Mais depuis que je suis malade du virus
J'ai l'étrange impression que mon nez est bouché
Jour et nuit, sans relâche, de l'aube à l'angélus
Que je n'ai dans la bouche rien d'autre que du papier

J'étais un gastronome et ne suis plus qu'un pion
Condamné à ne plus ni goûter ni humer
À boire et à manger sans aucune émotion
Ce dessert qui ressemble à tout ce que j'aimais

Je ne sais deviner ce qui est devant moi
Qu'en trichant pauvrement et en jetant un œil
Sur la carte des plats, tiens c'est du chocolat
Désormais, tristement, je dois en faire mon deuil.

L'anosmie (perte de l'odorat) et l'agueusie (perte du gout) sont deux symptômes très fréquemment retrouvés chez les malades du Covid, malheureusement très longs à disparaître.

Authume
16 juin 2020

Deux mots peu connus jusque là qui sont rentrés curieusement dans le langage courant.

SOLUTION HYDRO-ALCOOLIQUE

Voici la solution, avec elle tout est net
Plus de germes, de souillures, vous avez les mains propres
Il faut juste veiller à bien l'utiliser
Sur le dos, sur la paume, sans souci d'être sobre

Se frictionner les pognes longuement, soigneusement
Pour en éliminer des microbes la présence
Les spots télévisés le répètent patiemment
Votre avenir en dépend, elle est votre défense

La solution est là, même hydro-alcoolique
Elle est un vieux moyen trop peu utilisé
Maintenant la vedette grâce au pic pandémique
Première au hit parade de la pharmacopée

On croirait du Pagnol, elle est faite de trois tiers
Mélange de glycérine, d'alcool et quand même d'eau
Qu'il n'y ait pas tout à coup pléthore de faits divers
D'abus de son usage, avalanches de poivrots

Sur les mains vous ai-je dit, il ne faut pas la boire
Ça n'est que pour la peau, elle ne doit surtout pas
Aller dans l'estomac, ça n'est pas du pinard
C'est du mauvais alcool, celui qu'on ne boit pas

Il est pharmaceutique et pas gastronomique
Usez-en comme il faut pour tuer le virus
Car si vous l'avalez, le coma éthylique
Vous tuera plus sûrement que Sire Covidus

Il serait ridicule et pour tout dire absurde
Que le médicament fasse plus de dégât
Que l'ignoble microbe, attention à la bourde
Sur les mains vous ai-je dit et pas dans l'estomac !

Authume
17 juin 2020

Comme les masques, cette solution hydro-alcoolique aura aussi beaucoup fait
parler d'elle.

LES ÉCOLIERS DU COVID

La cour d'école a l'air plus grande que d'habitude
On dirait une place au cœur de la cité
Les enfants sont gâtés, grâce à la mansuétude
De leurs instituteurs, chacun peut profiter

D'une surface carrée de deux mètres sur deux
Le déconfinement leur a fait ce cadeau
Bien garder leurs distances, se tenir loin entre eux
La cour a l'air déserte, tout ça sent le mélo

Ils ne sont plus que dix au lieu des trente prévus
Les autres sont cloîtrés chez papa et maman
C'est la distanciation, c'est ce qui est prévu
Chaque jour seul un tiers des élèves présent

Ils jouent seuls sans se voir, se parler, se toucher
Ça n'est plus une école, on croirait une prison
Il est l'heure de sortir, une heure se promener
Marcher en file indienne sans autre prétention

Surtout prendre bien garde de ne pas s'approcher
De celui qui devant ouvre la procession
Et faire bien attention de ne pas trop gêner
Celui qui marche derrière vissés à vos talons

La cour d'école est calme, l'espace crée le silence
Plus de cris, plus de rires, les enfants sont muets
Ils reconnaissent à peine ce lieu où leur enfance
Est mise en quarantaine, en attendant la paix

Que le virus s'en aille, qu'il leur accorde cette grâce
De retrouver enfin ces joies puériles sans fard
Ces petits gestes simples qui ne laissent d'autre trace
Qu'un souvenir niché au fond de leur mémoire.

Besançon
18 juin 2020

Pauvres petits écoliers errant comme des âmes en peine dans des cours d'école
devenues bien trop grandes pour eux.

HYDROXYCHLOROQUINE OU LE SAVANT DE MARSEILLE

Molécule déjà d'expérience
On disait d'elle qu'elle était bonne
Elle attendait pleine d'insouciance
Que l'heure de la retraite sonne

Après avoir changé les jours
De millions de parasités
Et apporté tout son secours
À d'autres aux mains déformées

La voilà maintenant citée
Grâce aux élans d'un virologue
Comme possible panacée
Du Covid, elle serait la drogue

C'est dans la cité phocéenne
Sous le regard de la Bonne Mère
Que Chloroquine a fait des siennes
Chacun ne sachant plus que faire

Touché par le méchant virus
Pour certains, il fallait en prendre
Pour d'autres, c'était du malus
On risquait fort de se méprendre

Sur la vraie efficacité
De ce trop vieux médicament
Et sans parler de ce sorcier
Ce professeur, ce grand savant

Au verbe haut, qui gesticule
On voit bien qu'on est à Marseille
Si c'est ça, qu'il se l'inocule
Ce truc qui n'a pas son pareil

Pour estourbir le vil Covid
C'est un peu juste, un peu léger
Il faudrait des études solides
Pour nous prouver que son bébé

Est bien le traitement adapté
Mais quand on aura tout pesé
Calculé, dosé, quantifié
La guerre sera déjà passée

Peut-être pour la seconde vague
Serons nous prêts à guerroyer...

Besançon
18 juin 2020

Grâce au Professeur Didier Raoult de Marseille, l'hydroxychloroquine a eu de nouveau la vedette.

SÉQUELLES

La vague s'est retirée ne laissant sur la plage
Qu'une modeste empreinte dans le sable humide
Presque lisse, amnésique de tout ce tapage
Après ces quelques mois de furie du Covid

Se peut-il que ce calme aussi assourdissant
Ne soit que ce qu'il reste de cet affreux vacarme
On enterrait les morts il n'y a pas si longtemps
Et maintenant, plus un cri, une plainte, une larme

La nature est plus forte, elle a repris ses droits
Le ciel est toujours bleu, le soleil aussi chaud
Peut-être quelques dommages qui seraient encore là
Le compteur n'est pas totalement à zéro

On en voit qui n'ont toujours pas récupéré
Qui restent léthargiques, écrasés de fatigue
Chez d'autres, c'est la tête, le palais ou le nez
Qui se font défaillants, paresseux, apathiques

Des symptômes la liste est longue et infinie
Des vertiges aux douleurs, des crampes aux migraines
Le Covid est parti en laissant derrière lui
Une traînée de plaintes, de ruines et de séquelles

La vague s'est retirée en laissant dans le sable
Les marques dures et profondes de l'infection virale
Les flots se sont calmés, n'en restent pas moins coupables
De toutes ces séquelles aux instincts cannibales

Qui dévorent et grignotent, rongent et amenuisent
Ces malades d'hier, rescapés d'aujourd'hui
Survivants du péril, naufragés de la crise
Qui doivent maintenant survivre avec ces avanies.

Authume
19 juin 2020

Les séquelles du Covid, un nouvel inventaire à la Prévert.

DÉCONFINEMENT

C'est fini, le virus semble nous avoir quittés
Si peu présent maintenant qu'on ose le dire absent
Encore quelques malades, rien qui vaille de songer
À poursuivre davantage ce long confinement

Sortez, vivez, bougez, mais de grâce prudemment
Le message n'est pas clair, y-a-t-il danger ou pas ?
Peut-on comme dans le temps retrouver ses parents
Inviter des amis pour un petit en-cas

Les scientifiques l'ont dit, les politiques idem
Vous ne risquerez rien si vous respectez bien
Les gestes qui vous protègent, la bonne distance de même
Croyez nous, il est là, le grand déconfinement

Vous êtes presque libres de faire ce qu'il vous plait
Mais de cette liberté qui ne tient presque à rien
Vous pourrez vite rejoindre le pénitencier
Redevenir confiné si Sieur Covid revient

Petit enfant gourmand qui contemple un gâteau
Et qui n'a que le droit de le manger des yeux
En attendant que vienne ce moment, le plus beau
De le mordre goulûment, cet instant délicieux

Le déconfinement n'est que la pâle promesse
D'un dessert qu'on regarde sans pouvoir le goûter
Une image, une vision, sans saveur, sans finesse
Quand la vraie liberté se croque à pleines dents.

Authume
19 juin 2020

Tous les Français ont connu les affres de la liberté surveillée. Pas tout à fait prisonniers mais pas complètement libres de leurs mouvements.

Covid vu par une petite écolière
LES BISOUS POUR LOUISE

« C'est bizarre. On n'est pas beaucoup à l'école aujourd'hui. Et on ne doit pas se mettre trop près les uns des autres. Ma copine Louise n'est pas là. J'aime bien quand je peux la prendre dans mes bras pour lui faire un bisou. Et elle aussi, elle aime bien ça quand je la chatouille avec le bout de mon nez. On rit très fort. Et Madame Blanchot, notre maîtresse d'école, elle nous fait les gros yeux. Mais maintenant, c'est plus pareil. Madame Blanchot, elle dit que c'est depuis que Covid est venu. Il paraît que c'est une bestiole dangereuse qui nous saute dessus. Elle appelle ça un virus. Moi, je n'y crois pas trop. Comment une petite bête aussi minuscule, qu'on n'arrive pas à voir, peut être aussi méchante. Le lion du zoo, il rugit et il peut mordre. L'éléphant, il peut te mettre un coup de trompe. Même le chat de ma grand-mère, une fois il m'a griffé parce que je l'avais dérangé pendant sa sieste. Mon petit frère aussi il peut se mettre en colère quand je lui prends ses jouets ou que je l'empêche de regarder ses dessins animés préférés à la télé. Mais Madame Blanchot avec ses gros yeux, le lion et l'éléphant du zoo, le chat de ma grand-mère et mon petit frère, je les vois. Du coup, je fais attention à eux sans avoir peur. Covid, qui m'empêche de faire des bisous à Louise, je ne sais même pas où il est. Madame Blanchot, elle nous a expliqué que si on voulait que Covid il parte, il fallait bien qu'on ne se fasse plus de câlins et qu'on se regarde de loin. Ça me manque de ne pas pouvoir chatouiller Louise avec le bout de mon nez. Mais comme j'ai envie que Covid s'en aille, j'écoute bien les conseils de Madame Blanchot. Je trouve que les grands, dehors, ils n'obéissent pas toujours aussi bien que nous à l'école. Mais si tout le monde est sage, Covid finira bien par partir et après, je pourrai refaire des gros bisous à ma copine Louise. »

Authume
23 mai 2020

REMERCIEMENTS

Toute ma gratitude et tout mon amour à ma fille Marie pour la conception de la couverture et la mise en forme de ce livre. Son inventivité et sa créativité ont fait des merveilles. Covid en est presque devenu sympathique.

TABLE DES MATIÈRES

DU MÊME AUTEUR

Hors du bocal - Recueil de nouvelles - Éditions Lulu - 2008

Une bande rouge dans le vent - Deux semaines aux Glénans - Texte et photographies de Michel BRIGNOT - Éditions Blurb - 2008

Morrison's Jig - Roman - Éditions du Chemin Blanc - 2012

Renaissances - Recueil de nouvelles - Collectif d'auteurs - « Le mur d'en face » - Éditons Souffle Court - 2015

Mémoire d'aviron - Textes de Michel BRIGNOT - Photographies d'Anthony BENOIT - Éditions de La Passerelle - 2016

Humeurs d'alambics, distillation en Franche-Comté - Textes de Michel BRIGNOT - Photographies de Jérôme GENÉE - 2017

Le Monde changera un jour - Recueil de nouvelles - Collectif d'auteurs - « L'aigle et l'oisillon » - Éditions Souffle Court - 2017

Petit abécédaire de mes premiers émois - Recueil de nouvelles - Éditions du Chemin Blanc - 2018

Cueilleur d'éclats - Textes et photographies - Collectif d'auteurs - « Le même sourire » - Éditions Souffle Court – 2018

L'Erreur de trop - Recueil de nouvelles - Éditions Souffle Court – 2019

Rames en rimes - Petit glossaire poétique et drolatique de l'aviron - Éditions du Chemin Blanc - 2020

Printed in the USA
CPSIA information can be obtained
at www.ICGtesting.com
LVHW021656091023
760605LV00054B/1228